suhrkamp taschenbuch 5098

Gewalt, Repression, Schmerz, all das kannte Maya Angelou. Als Opfer eines Missbrauchs, als schwarzes heranwachsendes Mädchen im rassengetrennten Süden, als alleinerziehende Mutter im San Francisco der Nachkriegsjahre. Trotz allem verlor sie nie die Hoffnung, nie die Zuversicht, denn sie hatte eine Stimme, eine Sprache, die magischen Worte. Und der Kampf um Selbstbehauptung verwandelte sich im Laufe ihres Lebens in Poesie, ihr Werk wurde zur Hymne auf die Widerstandskraft und Größe der Frauen und sie selbst zu einer Jahrhundertdichterin.

Maya Angelou, geboren 1928, war Tänzerin, Calypso-Sängerin, erste schwarze Straßenbahnschaffnerin San Franciscos, alleinerziehende Mutter, Pimp, Schauspielerin, Theaterregisseurin, Filmregisseurin, Journalistin, Prosaschriftstellerin, Lyrikerin, Bürgerrechtlerin, engste Vertraute von Martin Luther King und Malcolm X, und das alles vor ihrem vierzigsten Geburtstag. Als sie 2014 verstarb, trauerte ganz Amerika.

Judith Zander, geboren 1980 in Anklam, studierte Germanistik und Anglistik in Greifswald, anschließend am Deutschen Literaturinstitut Leipzig. Sie ist als Schriftstellerin und Übersetzerin tätig und übertrug u.a. zwei Bände mit Gedichten von Sylvia Plath erstmalig ins Deutsche.

MAYA ANGELOU
PHÄNOMENALE FRAUEN

Gedichte

Ausgewählt und übersetzt von
Judith Zander

Suhrkamp

Maya Angelous Gedichte erschienen 1994 unter dem Titel
The Complete Collected Poems by Maya Angelou
bei Random House, New York.

Umschlagabbildung: Leanne Shapton

Erste Auflage 2020
suhrkamp taschenbuch 5098
Deutsche Erstausgabe

Satz: Satz-Offizin Hümmer GmbH, Waldbüttelbrunn
Druck und Bindung: CPI books GmbH, Leck
Printed in Germany
ISBN 978-3-518-47098-5

PHÄNOMENALE FRAUEN

PHENOMENAL WOMAN

Pretty women wonder where my secret lies.
I'm not cute or built to suit a fashion model's size
But when I start to tell them,
They think I'm telling lies.
I say,
It's in the reach of my arms,
The span of my hips,
The stride of my step,
The curl of my lips.
I'm a woman
Phenomenally.
Phenomenal woman,
That's me.

I walk into a room
Just as cool as you please,
And to a man,
The fellows stand or
Fall down on their knees.
Then they swarm around me,
A hive of honey bees.
I say,
It's the fire in my eyes,
And the flash of my teeth,
The swing in my waist,
And the joy in my feet.
I'm a woman
Phenomenally.
Phenomenal woman,
That's me.

UNGLAUBLICHE FRAU

Schöne Frauen fragen sich: Was mag ihr Geheimnis sein?
Ich bin nicht süß und passe nicht in Modelgrößen rein.
Doch will ich es ihnen erklären,
Denken sie: Das kann nicht sein.
Ich sage:
Es ist die Spanne meiner Arme,
Die Breite meiner Hüften,
Mein ausgreifender Gang,
Und mein Lippenschürzen.
Ich bin eine Frau,
Ganz unglaublich.
Unglaubliche Frau,
Das bin ich.

So kühl, wie es nur geht,
Betret ich einen Raum,
Gehe zu auf einen Mann.
Die Kumpels stehn und starrn
Oder fallen auf die Knie.
Summen dann um mich herum,
Der reinste Bienenschwarm.
Ich sage:
Es ist das Feuer in meinen Augen
Und meiner Zähne Blitzen,
Der Schwung in meiner Taille
Und meiner Füße Ergötzen.
Ich bin eine Frau,
Ganz unglaublich.
Unglaubliche Frau,
das bin ich.

Men themselves have wondered
What they see in me.
They try so much
But they can't touch
My inner mystery.
When I try to show them,
They say they still can't see.
I say,
It's in the arch of my back,
The sun of my smile,
The ride of my breasts,
The grace of my style.
I'm a woman
Phenomenally.
Phenomenal woman,
That's me.

Now you understand
Just why my head's not bowed.
I don't shout or jump about
Or have to talk real loud.
When you see me passing,
It ought to make you proud.
I say,
It's in the click of my heels,
The bend of my hair,
The palm of my hand,
The need for my care.
'Cause I'm a woman
Phenomenally.
Phenomenal woman,
That's me.

Die Männer selbst trieb es um,
Was sie eigentlich an mir finden.
Doch wie sie's auch drehen und wenden,
Sie kriegen es nicht zu fassen,
Mein inneres Mysterium.
Versuche ich's ihnen zu zeigen,
Gucken sie immer noch dumm.
Ich sage:
Es ist die Biegung meines Rückens,
Meines Lächelns Sonnenglut,
Das Wippen meiner Brüste,
Meines ganzen Stiles Anmut.
Ich bin eine Frau,
Ganz unglaublich.
Unglaubliche Frau,
Das bin ich.

Jetzt begreift ihr wohl,
Warum mein Kopf nicht hängt.
Ich muss nicht Kobolz schießen oder schrein,
Vorlaut sein ganz ungemein.
Wenn ihr mich vorbeigehn seht,
Könnt ihr stolz auf mich sein.
Ich sage:
Es ist das Klacken meiner Hacken
Und wie mein Haar sich wellt,
Der Teller meiner Hand,
Meine Zuwendung, die ihnen fehlt.
Denn ich bin eine Frau,
ganz unglaublich.
Unglaubliche Frau,
das bin ich.

STILL I RISE

You may write me down in history
With your bitter, twisted lies,
You may trod me in the very dirt
But still, like dust, I'll rise.

Does my sassiness upset you?
Why are you beset with gloom?
'Cause I walk like I've got oil wells
Pumping in my living room.

Just like moons and like suns,
With the certainty of tides,
Just like hopes springing high,
Still I'll rise.

Did you want to see me broken?
Bowed head and lowered eyes?
Shoulders falling down like teardrops,
Weakened by my soulful cries?

Does my haughtiness offend you?
Don't you take it awful hard
'Cause I laugh like I've got gold mines
Diggin' in my own backyard.

You may shoot me with your words,
You may cut me with your eyes,
You may kill me with your hatefulness,
But still, like air, I'll rise.

DENNOCH ERHEBE ICH MICH

Ihr mögt mich niederschreiben, Geschichte
Mit bitteren Lügen zurechtzwirbeln,
Ihr mögt mich in den übelsten Dreck treten,
Ich werde, wie Staub, dennoch aufwirbeln.

Regt euch meine Frechheit auf?
Warum plagt euch düstres Brodeln?
Weil ich gehe, als hätt' ich Ölquellen
In meinem Wohnzimmer sprudeln.

Ganz wie Monde und wie Sonnen,
So verlässlich wie Gezeiten,
Ganz wie Hoffnung, hoch aufsprießend,
Werde ich immer noch steigen.

Wolltet ihr mich gebrochen sehen?
Mit hängendem Kopf, Augen niedergeschlagen?
Mit wie Tränen fallenden Schultern,
Schwach von schwermütigen Klagen.

Kränkt euch meine Arroganz?
Haltet ihr es nicht mehr aus,
Weil ich lach', als hätt' ich Goldminen
Gleich hinter meinem Haus?

Ihr mögt mich mit euren Worten erschießen,
Ihr mögt mich mit euren Blicken zerschneiden,
Ihr mögt mich töten mit eurem Hass,
Ich werde, wie Luft, dennoch aufsteigen.

Does my sexiness upset you?
Does it come as a surprise
That I dance like I've got diamonds
At the meeting of my thighs?

Out of the huts of history's shame
I rise
Up from a past that's rooted in pain
I rise
I'm a black ocean, leaping and wide,
Welling and swelling I bear in the tide.

Leaving behind nights of terror and fear
I rise
Into a daybreak that's wondrously clear
I rise
Bringing the gifts that my ancestors gave,
I am the dream and the hope of the slave.
I rise
I rise
I rise.

Regt mein Sex-Appeal euch auf?
Macht es euch vor Schreck beklommen,
Dass ich tanze, als hätt' ich Diamanten
Dort, wo meine Schenkel zusammenkommen?

Aus den Hütten historischer Erniedrigtheit
Erhebe ich mich
Von einer Vergangenheit wurzelnd in Leid
Erhebe ich mich
Schwarzer Ozean, Springflut auf unermesslichem Raum,
Hervorquellend und anschwellend überdauere ich im Gezeitenstrom.

Nächte aus Furcht und Schrecken hinter mir lassend
Erhebe ich mich
In einem Tagesanbruch, der wundersam klar ist
Erhebe ich mich
Mit mir bringend, was meine Vorfahren gaben,
Bin ich der Traum und die Hoffnung der Sklaven.
Ich erhebe mich
Ich erhebe mich
Ich erhebe mich.

OUR GRANDMOTHERS

She lay, skin down on the moist dirt,
the canebrake rustling
with the whispers of leaves, and
loud longing of hounds and
the ransack of hunters crackling the near branches.

She muttered, lifting her head a nod toward freedom,
I shall not, I shall not be moved.

She gathered her babies,
their tears slick as oil on black faces,
their young eyes canvassing mornings of madness.
Momma, is Master going to sell you
from us tomorrow?

Yes.
Unless you keep walking more
and talking less.
Yes.
Unless the keeper of our lives
releases me from all commandments.
Yes.
And your lives,
never mine to live,
will be executed upon the killing floor of innocents.
Unless you match my heart and words,
saying with me,

I shall not be moved.

UNSERE GROSSMÜTTER

Sie lag mit bloßer Haut im Morast,
das Rohrdickicht raschelte
im Flüsterton von Blättern, und
die laute Begierde der Hunde und
die Plünderei der Jäger ließ die nahen Halme knacken.

Sie murmelte, ihren Kopf ein Nicken lang Richtung Freiheit hebend,
I shall not, I shall not be moved.

Sie scharte ihre Kinder um sich,
ihre Tränen ölig auf schwarzen Gesichtern,
ihre jungen Augen eine Leinwand irrer Morgen.
Momma, wird Master dich morgen
von uns weg verkaufen?

Ja.
Wenn ihr euch nicht daran haltet, mehr zu laufen
und weniger zu reden.
Ja.
Wenn mich der, der unser Leben in Händen hält,
nicht von allen Geboten entbindet.
Ja.
Und eure Leben,
die ich niemals leben kann,
werden ausgelöscht werden auf der Schlachtbank der Unschuldigen.
Wenn ihr nicht in mein Herz und meine Worte einstimmt
und mit mir sprecht,

I shall not be moved.

In Virginia tobacco fields,
leaning into the curve
of Steinway
pianos, along Arkansas roads,
in the red hills of Georgia,
into the palms of her chained hands, she
cried against calamity,
You have tried to destroy me
and though I perish daily,

I shall not be moved.

Her universe, often
summarized into one black body
falling finally from the tree to her feet,
made her cry each time in a new voice,
All my past hastens to defeat,
and strangers claim the glory of my love,
Iniquity has bound me to his bed,

yet, I must not be moved.

She heard the names,
swirling ribbons in the wind of history:
nigger, nigger bitch, heifer,
mammy, property, creature, ape, baboon,
whore, hot tail, thing, it.
She said, But my description cannot
fit your tongue, for
I have a certain way of being in this world,

and I shall not, I shall not be moved.

In Virginias Tabakfeldern,
in die geschwungene Linie
von Steinway-
Flügeln gelehnt, entlang Arkansas' Straßen,
in den roten Hügeln von Georgia,
ins Hohl ihrer in Ketten gelegten Hände, heulte
sie gegen das Elend an.
Ihr habt versucht, mich zu vernichten,
und obwohl ich täglich zugrunde gehe,

I shall not be moved.

Ihr Universum, oft genug
verdichtet zu einem schwarzen Körper,
der schließlich vom Baum fiel, ihr vor die Füße,
ließ sie jedes Mal mit einer anderen Stimme schreien.
Meine ganze Vergangenheit eilt auf die Niederlage zu,
und Fremde beanspruchen die Herrlichkeit meiner Liebe,
der Frevel hat mich an sein Bett gefesselt,

dennoch, ich darf nicht weichen.

Sie hörte die Namen,
flatternde Bänder im Wind der Geschichte:
Nigger, Niggerschlampe, Kuh,
Mammy, Eigentum, Kreatur, Affe, Pavian,
Nutte, heißer Arsch, Ding, das-da.
Sie sagte: Mich zu beschreiben,
passt allerdings nicht zu eurer Zunge, denn
ich habe meine eigene Art, auf dieser Welt zu leben,

and I shall not, I shall not be moved.

No angel stretched protecting wings
above the heads of her children,
fluttering and urging the winds of reason
into the confusion of their lives.
They sprouted like young weeds,
but she could not shield their growth
from the grinding blades of ignorance, nor
shape them into symbolic topiaries.
She sent them away,
underground, overland, in coaches and
shoeless.
When you learn, teach.
When you get, give.
As for me,

I shall not be moved.

She stood in midocean, seeking dry land.
She searched God's face.
Assured,
she placed her fire of service
on the altar, and though
clothed in the finery of faith,
when she appeared at the temple door,
no sign welcomed
Black Grandmother. Enter here.

Into the crashing sound,
into wickedness, she cried,
No one, no, nor no one million
ones dare deny me God. I go forth
alone, and stand as ten thousand.

Kein Engel breitete schützende Flügel
über die Köpfe ihrer Kinder,
trieb mit mächtigen Schwingen die Winde der Vernunft
in die Wirrnis ihres Lebens.
Sie schossen auf wie Unkraut,
doch sie konnte ihr Wachsen nicht beschirmen
vor den Mahlmessern der Unwissenheit, noch
ihnen einen symbolischen Formschnitt verpassen.
Sie schickte sie weg,
unterirdisch, überland, in Bussen und
ohne Schuhe.
Wenn du lernst, lehre.
Wenn du bekommst, gib.
Was mich betrifft,

I shall not be moved.

Sie stand mitten im Meer, hielt Ausschau nach festem Land.
Sie suchte Gottes Angesicht.
Bestärkt,
brachte sie das Feuer ihres Dienstes
auf dem Altar dar, und obschon
in den Sonntagsstaat des Glaubens gewandet,
hieß, als sie an der Tempeltür erschien,
kein Zeichen
Schwarze Großmutter willkommen. Bitte hier eintreten.

In das Krachen hinein,
in die Bosheit rief sie:
Keiner, nein, auch nicht Millionen von ihnen
sollen es wagen, mir Gott zu nehmen. Ich gehe hin
allein und halte stand wie Zehntausend.

The Divine upon my right
impels me to pull forever
at the latch on Freedom's gate.

The Holy Spirit upon my left leads my
feet without ceasing into the camp of the
righteous and into the tents of the free.
These momma faces, lemon-yellow, plum-purple,
honey-brown, have grimaced and twisted
down a pyramid of years.
She is Sheba and Sojourner,
  Harriet and Zora,
  Mary Bethune and Angela,
  Annie to Zenobia.

She stands
before the abortion clinic,
confounded by the lack of choices.
In the Welfare line,
reduced to the pity of handouts.
Ordained in the pulpit, shielded
by the mysteries.
In the operating room,
husbanding life.
In the choir loft,
holding God in her throat.
On lonely street corners,
hawking her body.
In the classroom, loving the
children to understanding.

Centered on the world's stage,
she sings to her loves and beloveds,
to her foes and detractors:
However I am perceived and deceived,

Das Göttliche über meiner Rechten
drängt mich, unaufhörlich am Riegel
des Tors zur Freiheit zu ziehen.

Der Heilige Geist über meiner Linken leitet
meine Füße ohne Unterlass in das Lager
der Gerechten und in die Zelte der Freien.
Diese Momma-Gesichter, zitronengelb, pflaumenblau,
honigbraun, haben sich eine Pyramide von Jahren hinab
verzogen und verzerrt.
Sie ist Saba und Sojourner,
  Harriet und Zora,
  Mary Bethune und Angela,
  Annie bis Zenobia.

Sie steht
vor der Abtreibungsklinik,
verstört vom Mangel an Wahlmöglichkeiten.
In der Sozialhilfeschlange,
reduziert auf das Mitleid von Almosen.
Geweiht auf der Kanzel, beschirmt
von den Mysterien.
Im Operationssaal,
das Leben zusammenhaltend.
Auf der Chorempore,
Gott in ihrer Kehle tragend.
An einsamen Straßenecken,
ihren Körper verhökernd.
Im Klassenzimmer, den Kindern
Verstand einliebend.

Mitten auf der Weltbühne
singt sie ihren Lieben und Geliebten zu,
ihren Feinden und Verleumdern:
Wie auch immer man mich wahrnimmt und betrügt,

however my ignorance and conceits,
lay aside your fears that I will be undone,

for I shall not be moved.

wie groß immer meine Unwissenheit und Einbildungen,
legt eure Furcht ab, dass ich zunichtegemacht werde,

denn: *I shall not be moved.*

AFRICA

Thus she had lain
sugarcane sweet
deserts her hair
golden her feet
mountains her breasts
two Niles her tears.
Thus she has lain
Black through the years.

Over the white seas
rime white and cold
brigands ungentled
icicle bold
took her young daughters
sold her strong sons
churched her with Jesus
bled her with guns.
Thus she has lain.

Now she is rising
remember her pain
remember the losses
her screams loud and vain
remember her riches
her history slain
now she is striding
although she had lain.

AFRIKA

So hatte sie gelegen
voll Zuckerrohrsüße
Wüsten ihre Haare
golden ihre Füße
Berge ihre Brüste
zwei Nile ihre Tränen.
So hat sie gelegen
Schwarz durch die Äonen.

Über die weißen Meere
kalt und weiß wie Reif
holten ungehobelte Banditen
eiszapfenschroff
ihre jungen Töchter fort
die starken Söhne, sie zu verkaufen
disziplinierten sie mit Jesus
ließen sie bluten mit Waffen.
So hat sie gelegen.

Jetzt erhebt sie sich
erinnert euch ihrer Plagen
erinnert euch ihrer Verluste
ihrer lauten, vergeblichen Klagen
erinnert euch ihrer Reichtümer
ihrer Geschichte zerschlagen
jetzt schreitet sie einher
wo ihre Glieder lagen.

AMERICA

The gold of her promise
   has never been mined

Her borders of justice
   not clearly defined

Her crops of abundance
   the fruit and the grain

Have not fed the hungry
   nor eased that deep pain

Her proud declarations
   are leaves on the wind

Her southern exposure
   black death did befriend

Discover this country
   dead centuries cry

Erect noble tablets
   where none can decry

»She kills her bright future
   and rapes for a sou

Then entraps her children
   with legends untrue«

I beg you

Discover this country.

AMERIKA

Das Gold ihrer Verheißung
  kam niemals ans Licht

Die Grenzen der Gerechtigkeit
  klar gezogen sind sie nicht

Die Erträge ihrer Fülle
  an Frucht und Getreide

Haben die Hungrigen nicht gesättigt
  noch gelindert ihre Leiden

Ihre stolzen Erklärungen
  sind Blätter im Wind

Ihre Südlage wurde
  mit schwarzem Tod gut Freund

Entdeckt dieses Land
  heulen euch tote Jahrhunderte an

Stellt hehre Tafeln dort auf
  Wo niemand ihr nachsagen kann

»Sie tötet ihre strahlende Zukunft
  für einen Sou wird sie schänden

Dann verwickelt sie ihre Kinder
  In verlogene Legenden«

Ich flehe euch an

Entdeckt dieses Land.

REQUEST

If this country is a bastard
will the lowdown mother user
who ran off
and left the woman
moaning in her
green delivery
please come back and claim
his love child.
Give a legal name to beg from
for the first
time of its life.

AUFFORDERUNG

Wenn dies Land ein Bastard ist, soll
der gemeine Mutterschänder,
der verschwand,
die Frau im Stich ließ,
stöhnend, unerfahren in der
Niederkunft, doch bitte wieder-
kommen, anerkennen seine
Frucht der Liebe.
Gültig einen Namen geben
ihm, mit dem es betteln gehen
kann erstmals in
seinem Leben.

FAMILY AFFAIRS

You let down, from arched
Windows,
Over hand-cut stones of your
Cathedrals, seas of golden hair.

While I, pulled by dusty braids,
Left furrows in the
Sands of African beaches.

Princes and commoners
Climbed over waves to reach
Your vaulted boudoirs,

As the sun, capriciously,
Struck silver fire from waiting
Chains, where I was bound.

My screams never reached
The rare tower where you
Lay, birthing masters for
My sons, and for my
Daughters, a swarm of
Unclean badgers, to consume
Their history.

Tired now of pedestal existence
For fear of flying
And vertigo, you descend
And step lightly over
My centuries of horror
And take my hand,

FAMILIENANGELEGENHEITEN

Du ließest, aus Bogenfenstern,
Über handbehauene Steine deiner
Kathedralen, Meere aus goldenem Haar herunter.

Während ich, an staubigen Zöpfen gezerrt,
Furchen im Sand
Afrikanischer Küsten hinterließ.

Prinzen und Bürgerliche
Erklommen die Wellen, um in deine
Überwölbten Boudoirs zu gelangen,

Als die Sonne, unberechenbar,
Silberfeuer schlug aus bereitliegenden
Ketten, wo ich gefesselt wurde.

Meine Schreie erreichten nie
Den edlen Turm, wo du
Lagst, Herren gebarst für
Meine Söhne und für meine
Töchter, eine Schar
Unreiner Allesfresser, zur Austilgung
Ihrer Geschichte.

Ermüdet nun von der Sockelexistenz
Aus Angst vorm Fliegen
Und Schwindel, steigst du herab
Und schreitest leichtfüßig über
Meine Jahrhunderte des Grauens
Und nimmst meine Hand,
Lächelnd, nenn mich
    Schwester.

Smiling, call me
  Sister.

Sister, accept
That I must wait a
While. Allow an age
Of dust to fill
Ruts left on my
Beach in Africa.

Schwester, sieh ein,
Dass ich noch ein bisschen
Warten muss. Gib mir ein Zeitalter
Aus Staub, um die Spuren
Zu füllen, die zurückblieben an meiner
Küste in Afrika.

WOMAN ME

Your smile, delicate
rumor of peace.
Deafening revolutions nestle in the
cleavage of
your breasts.
Beggar-Kings and red-ringed Priests
seek glory at the meeting
of your thighs.
A grasp of Lions. A lap of Lambs.

Your tears, jeweled
strewn a diadem
caused Pharaohs to ride
deep in the bosom of the
Nile. Southern spas lash fast
their doors upon the night when
winds of death blow down your name
A bride of hurricanes.   A swarm of summer wind.

Your laughter, pealing tall
above the bells of ruined cathedrals.
Children reach between your teeth
for charts to live their lives.
A stomp of feet. A bevy of swift hands.

ICH FRAU

Dein Lächeln, ein zartes
Gerücht von Frieden.
Ohrenbetäubende Revolutionen schmiegen sich in
den Spalt
deiner Brüste.
Bettlerkönige und rotberingte Priester
trachten nach der Herrlichkeit dort, wo
deine Schenkel sich treffen.
Eine Löwenpranke. Ein Lämmerschoß.

Deine Tränen, als Juwelen
ausgestreut ein Diadem,
ließ Pharaonen in der Tiefe
des Nilbusens
treiben. Südliche Bäder zurren
ihre Türen fest zur Nacht, wenn
Winde des Todes deinen Namen herabwehen.
Eine Wirbelsturmbraut. Ein Sommerwindstrom.

Dein Gelächter, läutend hoch
über den Glocken zerstörter Kathedralen.
Kinder langen dir zwischen die Zähne
nach Anleitungen für ihr Leben.
Ein Stampfen von Füßen. Ein Schwarm flinker Hände.

WOMAN WORK

I've got the children to tend
The clothes to mend
The floor to mop
The food to shop
Then the chicken to fry
The baby to dry
I got company to feed
The garden to weed
I've got the shirts to press
The tots to dress
The cane to be cut
I gotta clean up this hut
Then see about the sick
And the cotton to pick.

Shine on me, sunshine
Rain on me, rain
Fall softly, dewdrops
And cool my brow again.

Storm, blow me from here
With your fiercest wind
Let me float across the sky
Till I can rest again.

Fall gently, snowflakes
Cover me with white
Cold icy kisses and
Let me rest tonight.

FRAUENARBEIT

Ich muss auf die Kinder aufpassen
Und die Sachen ausbessern
Den Fußboden wischen
Zum Einkaufen zischen
Dann das Hühnchen brutzeln
Das Baby abputzen
Ich habe Besuch zu bewirten
Im Garten Unkraut zu jäten
Ich muss die Hemden bügeln
Die Kleinen schniegeln
Das Zuckerrohr gehört geschnitten
Es muss Ordnung in diese Hütte
Dann nach den Kranken gucken
Und die Baumwolle pflücken.

Schein auf mich herab, Sonnenschein
Regen, regne auf mich nieder
Tautropfen, fallt sanft und weich
Kühlt mir Stirn und Braue wieder.

Sturm, wehe mich von hier fort
Mit deinen wildesten Winden
Lass mich über den Himmel treiben
Bis ich wieder Ruhe finde.

Schneeflocken, fallt weiß und kalt
Deckt mich zu ganz sacht
Mit euren eisigen Küssen und
Gebt mir Ruhe heut Nacht.

Sun, rain, curving sky
Mountain, oceans, leaf and stone
Star shine, moon glow
You're all that I can call my own.

Sonne, Regen, Himmelszelt
Berg, Meere, Blatt und Stein
Sternenschimmer, Mondesglanz
Nichts außer euch nenn ich mein.

WEEKEND GLORY

Some dichty folks
don’t know the facts,
posin’ and preenin’
and puttin’ on acts,
stretchin’ their necks
and strainin’ their backs.

They move into condos
up over the ranks,
pawn their souls
to the local banks.
Buyin’ big cars
they can’t afford,
ridin’ around town
actin’ bored.

If they want to learn how to live life right,
they ought to study me on Saturday night.

My job at the plant
ain’t the biggest bet,
but I pay my bills
and stay out of debt.
I get my hair done
for my own self’s sake,
so I don’t have to pick
and I don’t have to rake.

Take the church money out
and head cross town
to my friend girl’s house
where we plan our round.

WOCHENEND-HERRLICHKEIT

Gewisse feine Pinkel
sind ziemlich ahnungslos,
posen rum, motzen sich auf
und markieren bloß,
Hälse gereckt
und Rücken gestreckt.

Sie ziehen in teure Apartments,
erhoben über die Masse,
verpfänden ihre Seele
an die Ortssparkasse.
Geben Geld, das sie nicht haben,
für dicke Schlitten aus,
kurven damit durch die Stadt,
gucken gelangweilt raus.

Wenn sie wissen wollen, wie man's richtig macht,
sollten sie mich mal studieren in einer Samstagnacht.

Mein Job in der Fabrik
ist nicht grad Samt und Seide,
doch ich bezahl die Rechnungen
und steh nicht in der Kreide.
Schon mir selbst zuliebe
gehe ich zum Friseur,
dann zupf ich nicht selbst herum, die Haare
machen mir keinen Ärger mehr.

Nehme das Kirchengeld
und bin schon in der Spur,
unterwegs zum Haus meiner Freundin,
da planen wir unsere Tour.

We meet our men and go to a joint
where the music is blues
and to the point.

Folks write about me.
They just can't see
how I work all week
at the factory.
Then get spruced up
and laugh and dance
and turn away from worry
with sassy glance.

They accuse me of livin'
from day to day,
but who are they kiddin'?
So are they.

My life ain't heaven
but it sure ain't hell.
I'm not on top
but I call it swell
if I'm able to work
and get paid right
and have the luck to be Black
on a Saturday night.

Wir treffen unsere Männer und gehen in eine Spelunke,
wo die Musik Blues ist
und es auf den Punkt bringt.

Leute schreiben über mich.
Aber verstehen nicht,
wie ich in der Fabrik die ganze Woche
arbeite in Schicht.
Mich dann in Schale werfe
und tanze und lache
und mir mit kessem Blick
keine Sorgen mehr mache.

Von Tag zu Tag zu leben,
das lasten sie mir an,
doch wen wolln sie verarschen?
Sie sind nicht anders dran.

Mein Leben ist nicht der Himmel,
doch bestimmt auch nicht die Hölle.
Ich bin nicht an der Spitze,
doch spitze nenn ich's auf alle Fälle,
wenn ich arbeiten kann
und der Lohn ist angebracht
und ich das Glück hab, Schwarz zu sein
in einer Samstagnacht.

LIFE DOESN'T FRIGHTEN ME

Shadows on the wall
Noises down the hall
Life doesn't frighten me at all
Bad dogs barking loud
Big ghosts in a cloud
Life doesn't frighten me at all.

Mean old Mother Goose
Lions on the loose
They don't frighten me at all
Dragons breathing flame
On my counterpane
That doesn't frighten me at all.

I go boo
Make them shoo
I make fun
Way they run
I won't cry
So they fly
I just smile
They go wild
Life doesn't frighten me at all.

Tough guys in a fight
All alone at night
Life doesn't frighten me at all.
Panthers in the park
Strangers in the dark
No, they don't frighten me at all.

DAS LEBEN MACHT MIR KEINE ANGST

An der Wand ein Schattentanz
Und Geräusche auf dem Gang
Das Leben macht mir gar keine Angst
Böse Hunde, die laut bellen
Große Geister, die aus Wolken quellen
Das Leben macht mir gar keine Angst.

Mutter Gans, der alte Knochen
Löwen, grade ausgebrochen
Machen mir gar keine Angst
Wenn Drachen mit Feueratem
Auf meiner Bettdecke warten
Macht mir das gar keine Angst.

Ich rufe: Buh!
Verscheuch sie im Nu
Ich reiße Witze
Seh sie wegflitzen
Ich weine nie
Davon fliegen sie
Ich lächle nur mild
Das macht sie fuchsteufelswild
Das Leben macht mir gar keine Angst.

Harte Jungs bei Schlägereien
Nachts ganz allein
Das Leben macht mir gar keine Angst.
Pantheraugenfunkeln
Fremde im Dunkeln
Nö, die machen mir gar keine Angst.

That new classroom where
Boys all pull my hair
(Kissy little girls
With their hair in curls)
They don't frighten me at all.

Don't show me frogs and snakes
And listen for my scream,
If I'm afraid at all
It's only in my dreams.

I've got a magic charm
That I keep up my sleeve,
I can walk the ocean floor
And never have to breathe.

Life doesn't frighten me at all
Not at all
Not at all.
Life doesn't frighten me at all.

Der neue Klassenraum, wo sie mir alle
An den Haaren ziehen, die Jungs, so dolle
(Die kleinen Bussi-Mädchen da
Alle mit onduliertem Haar)
Die machen mir gar keine Angst.

Zeig mir bloß keine Frösche und Schlangen
Kreischen werd ich kaum,
Falls ich überhaupt Angst hab
Dann höchstens im Traum.

Ich hab einen magischen Talisman
Den ich im Ärmel trage,
Ich kann auf dem Meeresgrund gehen
Und muss dabei gar nicht atmen.

Das Leben macht mir gar keine Angst
Überhaupt keine
Überhaupt keine.
Das Leben macht mir gar keine Angst.

ON REACHING FORTY

Other acquainted years
sidle
with modest
decorum
across the scrim of toughened
tears and to a stage
planked with laughter boards
and waxed with rueful loss.
But forty
with the authorized
brazenness of a uniformed
cop stomps
no-knocking
into the script
bumps a funky grind on the
shabby curtain of youth
and delays the action.

Unless you have the inborn
wisdom
and grace
and are clever enough
to die at
thirty-nine.

VIERZIG WERDEN

Andere vertraute Jahre
schlängeln sich
mit maßvollem
Anstand
über den Gazeschirm ausgehärteter
Tränen und auf eine Bühne
gedielt mit Gelächterbrettern,
gebohnert mit kläglichem Verlust.
Aber Vierzig,
mit der bevollmächtigten
Dreistigkeit eines uniformierten
Bullen stampft
ohne anzuklopfen
ins Stück,
legt einen flippigen Striptease hin vorm
verschlissenen Vorhang der Jugend
und verschleppt alles Weitere.

Es sei denn, man besitzt die angeborene
Weisheit
und Anmut
und ist schlau genug,
mit neununddreißig
zu sterben.

THE SINGER WILL NOT SING

For A. L.

A benison given. Unused,
no angels promised,
wings fluttering banal lies
behind their sexlessness. No
trumpets gloried
prophecies of fabled fame.
Yet harmonies waited in
her stiff throat. New notes
lay expectant on her
stilled tongue.

Her lips are ridged and
fleshy. Purpled night birds
snuggled to rest.
The mouth seamed, voiceless.
Sounds do not lift beyond
those reddened walls.

She came too late and lonely
to this place.

DIE SÄNGERIN WIRD NICHT SINGEN

Ein gespendeter Segen. Ungenutzt,
keine Engel versprochen,
Flügel bauschen banale Lügen auf
hinter ihrer Geschlechtslosigkeit. Keine
Trompeten frohlockten über
Prophezeiungen sagenhaften Ruhms.
Und doch warteten Harmonien in
ihrer starren Kehle. Neue Töne
lagen erwartungsvoll auf ihrer
stillgestellten Zunge.

Ihre Lippen sind gefurcht und
fleischig. Purpurgefärbte Nachtvögel,
aneinandergeschmiegt zum Schlafen.
Der Mund vernäht, stimmlos.
Keine Klänge erheben sich jenseits
dieser geröteten Mauern.

Sie kam zu spät und einsam
an diesen Ort.

CALL LETTERS: MRS. V. B.

Ships?
Sure I'll sail them.
Show me the boat,
If it'll float,
I'll sail it.

Men?
Yes I'll love them.
If they've got the style,
To make me smile,
I'll love them.

Life?
'Course I'll live it.
Let me have breath,
Just to my death,
And I'll live it.

Failure?
I'm not ashamed to tell it,
I never learned to spell it.
Not Failure.

RUFZEICHEN: MRS. V. B.

Schiffe?
Klar segle ich sie.
Zeig mir das Boot:
Wenn's nicht gleich zu sinken droht,
Segle ich es.

Männer?
Jawohl, ich werde sie lieben.
Wenn sie vor allen Dingen
Mich zum Lächeln bringen,
Werd ich sie lieben.

Das Leben?
Natürlich lebe ich es.
Gib mir den Atem, den ich brauche,
Nur so viel, bis ich mein Leben aushauche,
Und ich lebe es.

Scheitern?
Davon zu sprechen, soll mich nicht genieren,
Ich hab nie gelernt, es zu buchstabieren.
Nicht Scheitern.

WHEN I THINK ABOUT MYSELF

When I think about myself,
I almost laugh myself to death,
My life has been one great big joke,
A dance that's walked,
A song that's spoke,
I laugh so hard I almost choke,
When I think about myself.

Sixty years in these folks' world,
The child I works for calls me girl,
I say »Yes ma'am« for working's sake.
Too proud to bend,
Too poor to break,
I laugh until my stomach ache,
When I think about myself.

My folks can make me split my side,
I laughed so hard I nearly died,
The tales they tell sound just like lying,
They grow the fruit,
But eat the rind,
I laugh until I start to crying,
When I think about my folks.

WENN ICH SO ÜBER MICH SELBST NACHDENKE

Wenn ich so über mich selbst nachdenke,
Hau ich vor Lachen mir auf die Schenkel,
Mein Leben – ein Witz von Anfang an,
Ein Lied, gesprochen,
Ein Tanz, gegangen,
Ich lache so doll, ich ersticke noch dran,
Wenn ich so über mich selbst nachdenke.

Sechzig Jahre auf dieser Welt,
Und ein Kind nennt mich Mädchen, gegen Geld,
Ich sage: »Ja, Ma'am«, der Arbeit sei Dank.
Zu stolz, mich zu beugen,
Zum Zerbrechen zu blank.
Ich lache mich, bis mir der Bauch weh tut, krank,
Wenn ich so über mich selbst nachdenke.

Meine Leute lassen mir die Schwarte krachen,
Ich bin fast umgekommen vor Lachen,
Was sie erzählen, klingt nach völligem Stuss,
Sie bauen die Frucht an,
Doch essen Schale statt Nuss,
Ich lache, bis ich heulen muss,
Wenn ich an meine Leute denke.

SEPIA FASHION SHOW

Their hair, pomaded, faces jaded
bones protruding, hip-wise,
the models strutted, backed and butted,
then stuck their mouths out, lip-wise.

They'd nasty manners, held like banners,
while they looked down their nose-wise.
I'd see 'em in hell, before they'd sell
me one thing they're wearing, clothes-wise.

The Black Bourgeois, who all say »yah«
when yeah is what they're meaning,
should look around, both up and down,
before they set out preening.

»Indeed,« they swear, »that's what I'll wear
when I go country-clubbing.«
I'd remind them please, look at those knees,
you got at Miss Ann's scrubbing.

SEPIA-MODENSCHAU

Ihr Haar pomadenglatt, die Gesichter matt,
Knochen hervortretend, die Rippen, mein ich,
sind die Models stolziert, haben Rücken und Po präsentiert,
dann ihre Münder geschürzt, die Lippen, mein ich.

Garstig war ihr Betragen, sie schwenkten's wie Flaggen,
sahen auf ihre Nase, ohne zu lachen, mein ich.
Eher seh ich sie in der Hölle, bevor sie mir eine Elle
von dem Zeug anhandeln, die Sachen, mein ich.

Als Schwarzer Bourgois, da sagt man gern »yah«,
was so viel wie »yeah« dann heißt,
doch sollte sich mal umsehen, nach links und rechts drehen,
bevor man sich in Schale schmeißt.

»Genau«, schwörn sie sich, »das trage ich
beim nächsten Mal im Country Club.«
Ich erinnre sie dran: Guckt euch mal diese Knie an,
die ihr vom Schrubben bei Miss Ann habt.

HARLEM HOPSCOTCH

One foot down, then hop! It's hot.
   Good things for the ones that's got.
Another jump, now to the left.
   Everybody for hisself.

In the air, now both feet down.
   Since you black, don't stick around.
Food is gone, the rent is due,
   Curse and cry and then jump two.

All the people out of work,
   Hold for three, then twist and jerk.
Cross the line, they count you out.
   That's what hopping's all about.

Both feet flat, the game is done.
They think I lost. I think I won.

HARLEMER HIMMEL-UND-HÖLLE

Auf ein Bein, dann hüpf! Die Hitze drückt.
Gutes für den, dem alles glückt.
Noch ein Sprung, aufs linke Feld.
Jeder ist auf sich gestellt.

Allez hopp, beidbeinig nun.
Du bist schwarz, also steh nicht rum.
Das Essen ist alle, die Miete dran,
Fluche und heul doch und hops noch zwei dann.

Alle Leute arbeitslos.
Halt drei still, dann umdrehen und los.
Übertrete die Linie und du bist raus.
Darauf läuft's ja beim Hüpfen hinaus.

Das Spiel ist vorbei, die Füße benommen.
Sie denken, ich hab verloren. Ich denke, ich hab gewonnen.

THE MOTHERING BLACKNESS

She came home running
    back to the mothering blackness
    deep in the smothering blackness
white tears icicle gold plains of her face
    She came home running

She came down creeping
    here to the black arms waiting
    now to the warm heart waiting
rime of alien dreams befrosts her rich brown face
    She came down creeping

She came home blameless
    black yet as Hagar's daughter
    tall as was Sheba's daughter
threats of northern winds die on the desert's face
    She came home blameless

DIE MÜTTERLICHE SCHWÄRZE

Sie kam nach Hause gelaufen
    zurück in die mütterliche Schwärze
    tief in der bitterlichen Schwärze
weiße Tränen wie Eiszapfen auf den Goldebenen ihres Gesichts
    Sie kam nach Hause gelaufen

Sie kam heruntergeschlichen
    hierher in die schwarzen Arme, die warteten
    schließlich ans warme Herz, das wartete
Raureif fremder Träume überfriert ihr tiefbraunes Gesicht
    Sie kam heruntergeschlichen

Sie kam nach Hause untadelig
    schwarz noch immer wie Hagars Tochter
    hochgewachsen wie Sabas Tochter
Dräuende Nordwinde legen sich auf dem Gesicht der Wüste
    Sie kam nach Hause untadelig

SON TO MOTHER

I start no
wars, raining poison
on cathedrals,
melting Stars of David
into golden faucets
to be lighted by lamps
shaded by human skin.

I set no
store on the strange lands,
send no
missionaries beyond my
borders,
to plunder secrets
and barter souls.

They
say you took my manhood,
Momma.
Come sit on my lap
and tell me,
what do you want me to say
to them, just
before I annihilate
their ignorance?

DER SOHN ZUR MUTTER

Ich zettele keine
Kriege an, lasse kein Gift
auf Kathedralen regnen,
schmelze keine Davidsterne ein
zu goldenen Wasserhähnen,
beleuchtet von Lampen
mit Schirmen aus Menschenhaut.

Ich lege keinen
Wert auf fremdes Land,
sende keine
Missionare über meine
Grenzen,
um Geheimnisse auszuplündern
und mit Seelen zu schachern.

Sie
sagen, du nahmst mir meine Männlichkeit,
Momma.
Komm, setz dich auf meinen Schoß
und rate mir:
Was soll ich zu ihnen
sagen, kurz
bevor ich ihre Ignoranz
auslösche?

MEN

When I was young, I used to
Watch behind the curtains
As men walked up and down
The street. Wino men, old men.
Young men sharp as mustard.
See them. Men are always
Going somewhere.
They knew I was there. Fifteen
Years old and starving for them.
Under my window, they would pause,
Their shoulders high like the
Breasts of a young girl,
Jacket tails slapping over
Those behinds,
Men.
One day they hold you in the
Palms of their hands, gentle, as if you
Were the last raw egg in the world. Then
They tighten up. Just a little. The
First squeeze is nice. A quick hug.
Soft into your defenselessness. A little
More. The hurt begins. Wrench out a
Smile that slides around the fear. When the
Air disappears,
Your mind pops, exploding fiercely, briefly,
Like the head of a kitchen match. Shattered.
It is your juice
That runs down their legs. Staining their shoes.
When the earth rights itself again,
And taste tries to return to the tongue,
Your body has slammed shut. Forever.
No keys exist.

MÄNNER

Als ich jung war, spähte ich
Immer durch die Gardinen,
Wie Männer die Straße auf und ab
Gingen. Saufbrüder, alte Männer.
Junge Männer, scharf wie Senf.
Guck sie dir an. Männer gehen
Immer irgendwohin.
Sie wussten, dass ich dort bin. Fünfzehn
Jahre alt und hungernd nach ihnen.
Unter meinem Fenster blieben sie stehen,
Ihre Schultern hoch wie die
Brüste eines jungen Mädchens,
Jackettschöße, auf diese
Hintern klatschend,
Männer.
Eines Tages halten sie dich in
Ihren Händen, sachte, als ob du
Das letzte rohe Ei auf der Welt wärst. Dann
ziehen sie dich fester an sich. Nur ein bisschen. Das
Erste Drücken ist angenehm. Eine rasche Umarmung.
Sanft in deine Wehrlosigkeit hinein. Ein bisschen
Mehr. Der Schmerz beginnt. Ringe dir ein
Lächeln ab, das um die Angst herumgleitet. Wenn die
Luft knapp wird,
Platzt dir der Kopf, explodiert heftig, kurz,
Wie der Kopf eines Streichholzes. Zerfetzt.
Es ist dein Saft,
Der ihnen die Beine hinabläuft. Ihre Schuhe befleckt.
Wenn die Erde wieder ins Lot kommt
Und der Geschmack zurückzukehren versucht auf die Zunge,
Hat dein Körper seine Tür zugeschlagen. Für immer.
Schlüssel gibt es keine.

Then the window draws full upon
Your mind. There, just beyond
The sway of curtains, men walk.
Knowing something.
Going someplace.
But this time, you will simply
Stand and watch.

Maybe.

Dann greift das Fenster ganz auf
Deinen Kopf zurück. Dort, gleich hinter
Dem Zug der Gardinen, spazieren Männer.
Wissen was.
Gehen wohin.
Aber dieses Mal wirst du einfach nur
Dastehen und gucken.

Vielleicht.

A KIND OF LOVE, SOME SAY

Is it true the ribs can tell
The kick of a beast from a
Lover's fist? The bruised
Bones recorded well
The sudden shock, the
Hard impact. Then swollen lids,
Sorry eyes, spoke not
Of lost romance, but hurt.

Hate often is confused. Its
Limits are in zones beyond itself. And
Sadists will not learn that
Love, by nature, exacts a pain
Unequalled on the rack.

EINE ART LIEBE, SAGEN MANCHE

Stimmt es, dass die Rippen schlau
Unterscheiden zwischen dem Tritt eines Tiers und
Des Geliebten Faust? Die geschundenen
Knochen registrierten genau
Den jähen Schock, den
Harten Aufprall. Dann sprachen geschwollene Lider,
Traurige Augen nicht von
Verlorener Liebe, sondern Schmerz.

Hass wird oft verwechselt. Seine
Grenzen liegen in Zonen jenseits von ihm. Und
Sadisten lernen nie, dass
Liebe, naturgemäß, Leiden verlangt,
Unerreicht auf der Streckbank.

THEY WENT HOME

They went home and told their wives,
that never once in all their lives,
had they known a girl like me,
But ... They went home.

They said my house was licking clean,
no word I spoke was ever mean,
I had an air of mystery,
But ... They went home.

My praises were on all men's lips,
they liked my smile, my wit, my hips,
they'd spend one night, or two or three.
But ...

SIE GINGEN NACH HAUSE

Sie gingen nach Hause, ihren Frauen erzählten sie,
dass ihnen im ganzen Leben noch nie
ein Mädchen wie ich begegnet sei,
Aber … Sie gingen nach Hause.

Sie sagten, mein Haus sei blank wie geleckt,
kein Wort, das ich spräche, sei jemals schlecht,
und dass ich so geheimnisvoll sei,
Aber … Sie gingen nach Hause.

Kein Mann, dessen Mund mich nicht lobt und preist,
sie mochten mein Lächeln, meine Hüften, meinen Geist,
sie blieben eine Nacht oder zwei oder drei.
Aber …

UNMEASURED TEMPO

The sun rises at midday.
Nubile breasts sag to waistlines while
young loins grow dull,
so late.
Dreams are petted, like
cherished lapdogs
misunderstood and loved
too well.

Much knowledge
wrinkles the cerebellum,
but little informs.
Leaps are
made into narrow mincings.
Great desires strain
into petty wishes.
You did arrive, smiling,
but too late.

UNGEMESSENES TEMPO

Die Sonne geht zu Mittag auf.
Mannbare Brüste sacken ab auf Taillenhöhe, während
junge Schöße die Lust verlieren,
so spät.
Träume werden gehätschelt wie
umhegte Schoßhunde,
falsch verstanden und zu sehr
geliebt.

Viel Wissen
legt das Kleinhirn in Falten,
aber macht nicht schlauer.
Sprünge werden
zerstückt zu Trippelschrittchen.
Großes Verlangen zersiebt sich
in läppische Wünsche.
Du kamst ja schließlich, lächelnd,
aber zu spät.

THE TELEPHONE

It comes in black
and blue, indecisive
beige. In red and chaperons my life.
Sitting like a strict
and spinstered aunt
spiked between my needs
and need.

It tats the day, crocheting
other people's lives
in neat arrangements,
ignoring me,
busy with the hemming
of strangers' overlong affairs or
the darning of my
neighbors' worn-out
dreams.

From Monday, the morning of the week,
through mid-times
noon and Sunday's dying
light. It sits silent.
Its needle sound
does not transfix my ear
or draw my longing to
a close.

Ring. Damn you!

DAS TELEFON

Es ist in Grün
und Blau zu haben, unentschiedenem
Beige. In Rot, Anstandsdame meines Lebens.
Hockt da wie eine strenge
und altverjungferte Tante,
gespießt zwischen meine Bedürfnisse
und meinen Mangel.

Es knotet und knüpft den Tag, verhäkelt
anderer Leute Lebensfäden
zu adretten Gebilden,
übergeht mich,
beschäftigt mit Saumarbeiten
an überlangen Affären von Fremden oder
dem Stopfen der
löchrig gewordenen Träume
meiner Nachbarn.

Vom Montag, dem Morgen der Woche,
über den Wochenmittag
bis hin zu Sonntags schwindendem
Licht. Es sitzt still.
Sein Nadelgeräusch
durchdringt nicht mein Ohr
oder vernäht das lose Ende
meiner Sehnsucht.

Klingel. Verdammtes Ding!

LET'S MAJESTE

I sit a throne upon the times
when Kings are rare and
Consorts
slide into the grease of scullery maids.

So gaily wave a crown of light
(astride the royal chair) that blinds
the commoners who genuflect and cross their fingers.

The years will lie beside me
on the queenly bed.
And coupled we'll await
the ages' dust to cake my lids again.

And when the rousing kiss is given,
why must it always be a fairy, and
only just a Prince?

MAJESTÄTISCH BELEIDIGT

Ich throne über den Zeiten,
in denen Könige rar sind und
Gemahle
in die Schmiere von Küchenmädchen schlittern.

Also schwenke vergnügt eine Krone aus Licht
(rittlings auf dem königlichen Stuhl), die Bürgerlichen
blendend, die niederknien und die Daumen drücken.

Die Jahre werden bei mir liegen
auf dem Königinnenbett.
Und vermählt erwarten wir,
dass mir der Ewigkeiten Staub die Lider wieder zuklebt.

Und wenn es dann ans Wachküssen geht,
warum muss es stets eine Fee sein, und
nichts anderes als ein Prinz?

COME. AND BE MY BABY

The highway is full of big cars
going nowhere fast
And folks is smoking anything that'll burn
Some people wrap their lives around a cocktail glass
And you sit wondering
where you're going to turn.
I got it.
Come. And be my baby.

Some prophets say the world is gonna end tomorrow
But others say we've got a week or two
The paper is full of every kind of blooming horror
And you sit wondering
What you're gonna do.
I got it.
Come. And be my baby.

KOMM. UND *BE MY BABY*

Auf dem Highway ein Schlitten nach dem andern
der nirgendwohin rast
Und Leute rauchen alle möglichen Sachen, die brennen
Manche wickeln ihr Leben um ein Cocktailglas
Und du hockst da und grübelst
wohin dich wenden.
Ich hab's.
Komm. Und *Be My Baby.*

Manche Propheten sagen, dass die Welt morgen untergeht
Andere hingegen, wir hätten noch ein, zwei Wochen
Und was nicht alles an Blüten treibendem Grauen in der Zeitung steht
Und du hockst da und grübelst
was bloß machen.
Ich hab's.
Komm. Und *Be My Baby.*

IN A TIME

In a time of secret wooing
Today prepares tomorrow's ruin
Left knows not what right is doing
My heart is torn asunder.

In a time of furtive sighs
Sweet hellos and sad goodbyes
Half-truths told and entire lies
My conscience echoes thunder.

In a time when kingdoms come
Joy is brief as summer's fun
Happiness its race has run
Then pain stalks in to plunder.

IN EINER ZEIT

In einer Zeit geheimen Werbens
Stürzt Heute Morgen ins Verderben
Links kann aus Rechts nicht schlau mehr werden
Mein Herz ist entzweigerissen.

In einer Zeit der Seufzer, verschwiegen
Süßen Hallos und trüben Abschieden
Halbwahrheiten und reinen Lügen
Hallt Donner mir im Gewissen.

In einer Zeit von Himmelreichen
Muss Freude, sommerkurz, bald weichen
Glückseligkeit die Segel streichen
Dann plündert Schmerz die Kulissen.

HOW I CAN LIE TO YOU

now thread my voice
with lies
of lightness
force within
my mirror eyes
the cold disguise
of sad and wise
decisions.

WIE ICH DICH ANLÜGEN KANN

nun, durchfädle meine Stimme
mit Lügen
von Leichtigkeit
in meinen spiegelnden
Augen erzwinge
kalte Verkleidungen
trauriger und weiser
Entscheidungen.

POOR GIRL

You've got another love
    and I know it
Someone who adores you
    just like me
Hanging on your words
    like they were gold
Thinking that she understands
    your soul
Poor Girl
        Just like me.

You're breaking another heart
    and I know it
And there's nothing
    I can do
If I try to tell her
    what I know
She'll misunderstand
    and make me go
Poor Girl
        Just like me.

You're going to leave her too
    and I know it
She'll never know
    what made you go
She'll cry and wonder
    what went wrong
Then she'll begin
    to sing this song
Poor Girl
        Just like me.

ARMES MÄDCHEN

Du hast eine neue Liebe
  Und ich weiß Bescheid
Eine, die dich vergöttert
  Genau wie ich
Die an deinen Worten hängt
  Als käme dir Gold aus der Kehle
Die überzeugt ist, sie verstünde
  sich auf deine Seele
Armes Mädchen
    Genau wie ich.

Du brichst aufs Neue ein Herz
  und ich weiß Bescheid
Und es gibt nichts
  was ich tun kann
Versuche ich ihr, was ich weiß
  zu sagen
Wird sie mich missverstehen
  Und davonjagen
Armes Mädchen
    Genau wie ich.

Du wirst auch sie verlassen
  Und ich weiß Bescheid
Sie wird niemals wissen
  Was dich gehen ließ
Sie wird weinen und sich fragen
  was ist schiefgegangen
Dann wird sie dieses Lied
  zu singen anfangen
Armes Mädchen
    Genau wie ich.

THE LIE

Today, you threaten to leave me.
I hold curses, in my mouth,
which could flood your path, sear
bottomless chasms in your road.

I keep, behind my lips,
invectives capable of tearing
the septum from your
nostrils and the skin from your back.

Tears, copious as a spring rain,
are checked in ducts
and screams are crowded in a corner
of my throat.

You are leaving?

Aloud, I say:
I'll help you pack, but it's getting late,
I have to hurry or miss my date.
When I return, I know you'll be gone.
Do drop a line or telephone.

DIE LÜGE

Heute drohst du, mich zu verlassen.
Ich trage Verwünschungen im Mund,
die könnten deinen Weg überfluten, bodenlose
Löcher in deine Straße brennen.

Ich halte, hinter meinen Lippen,
Beschimpfungen, geeignet, die Scheidewand
zwischen deinen Nasenlöchern
wegzureißen und dir die Haut vom Rücken.

Tränen, in Strömen wie Frühlingsregen,
werden gestaut in Kanälen
und Schreie zusammengedrängt in einer Ecke
meiner Kehle.

Du gehst?

Laut sage ich:
Ich helfe dir packen, aber die Zeit wird knapp,
Ich muss mich sputen, weil ich noch ne Verabredung hab.
Wenn ich zurückkomme, bist du nicht mehr da.
Schreib doch mal oder ruf mich an, ja?

RECOVERY

For Dugald

A last love,
proper in conclusion,
should snip the wings,
forbidding further flight.

But I, now,
reft of that confusion,
am lifted up
and speeding toward the light.

GENESUNG

Für Dugald

Eine letzte Liebe,
im Entschluss ganz klar,
sollte die Flügel stutzen,
verbieten weiteres Fliegen.

Ich indessen, nun
der Verwirrung bar,
werde emporgetragen,
eile dem Licht entgegen.

KNOWN TO EVE AND ME

His tan and golden self,
coiled in a threadbare carapace,
beckoned to my sympathy.
I hoisted him, shoulders above
the crowded plaza, lifting
his cool, slick body toward the altar of
sunlight. He was guileless, and slid into my embrace.
We shared seeded rolls and breakfast on the mountaintop.
Love's warmth and Aton's sun
disc caressed
his skin, and once-dulled scales
became sugared ginger, amber
drops of beryl on the tongue.

His lidless eye slid sideways,
and he rose into my deepest
yearning, bringing
gifts of ready rhythms, and
hourly wound around
my chest,
holding me fast in taut
security.
Then, glistening like
diamonds strewn
upon a black girl's belly,
he left me. And nothing
remains. Beneath my left
breast, two perfect identical punctures,
through which I claim
the air I breathe and
the slithering sound of my own skin
moving in the dark.

EVA UND MIR BEKANNT

Sein hellbraun-goldenes Ganzes,
zusammengerollt in abgenutzter Schale,
lockte mein Mitleid an.
Ich hob ihn in die Höhe, haushoch überlegen
dem Gedränge auf dem Platz, streckte
seinen kühlen, glatten Körper dem Altar des
Sonnenlichts entgegen. Er war arglos und glitt in meine Umarmung.
Wir teilten Körnerbrötchen und frühstückten zusammen auf dem
Berggipfel.
Der Liebe Wärme und Atons Sonnenscheibe
umschmeichelten
seine Haut, und einst stumpfe Schuppen
wurden zu kandiertem Ingwer, bernsteinfarbenen
Tropfen von Beryll auf der Zunge.

Sein lidloses Auge glitt zur Seite,
und er stieg auf in mein tiefstes
Sehnen, mit
Gaben parater Rhythmen, und
wand sich allezeit um
meinen Leib,
hielt mich fest in strammer
Sicherheit.
Dann, glitzernd wie
Diamanten, verstreut
auf dem Bauch eines schwarzen Mädchens,
verließ er mich. Und nichts
bleibt. Unter meiner linken
Brust zwei makellos gleiche Löcher,
durch die ich Anspruch erhebe auf
die Luft, die ich atme und
das schlängelnde Geräusch meiner eigenen Haut,
sich durchs Dunkel bewegend.

SEVEN WOMEN'S BLESSED ASSURANCE

1
One thing about me,
I'm little and low,
find me a man
wherever I go.

2
They call me string bean
'cause I'm so tall.
Men see me,
they ready to fall.

3
I'm young as morning
and fresh as dew.
Everybody loves me
and so do you.

4
I'm fat as butter
and sweet as cake.
Men start to tremble
each time I shake.

5
I'm little and lean,
sweet to the bone.
They like to pick me up
and carry me home.

SELIGE ZUVERSICHT VON SIEBEN FRAUEN

1
So viel kann ich sagen:
ich bin klein und schlicht,
doch wo immer ich hinkomme,
an einem Mann fehlt's mir nicht.

2
Sie nennen mich Bohnenstange,
weil ich so lang bin.
Die Männer sehen mich
und sind sofort hin.

3
Ich bin jung wie der Morgen
und frisch wie Tau.
Ein jeder liebt mich,
auch du, ganz genau.

4
Ich bin süß wie Torte
und fett wie Butter.
Immer wenn ich erbebe,
kriegen Männer das Zittern.

5
Ich bin klein und mager,
durch und durch süße Maus.
Sie fangen mich gerne ein
und nehmen mich mit nach Haus.

6
When I passed forty
I dropped pretense,
'cause men like women
who got some sense.

7
Fifty-five is perfect,
so is fifty-nine,
'cause every man needs
to rest sometime.

6
Jenseits der Vierzig
hab ich Verstellung begraben,
denn Männer mögen Frauen,
die ein bisschen Grips haben.

7
Fünfundfünfzig ist perfekt,
Neunundfünfzig genauso,
denn jeder Mann braucht
irgendwann mal ne Pause.

INHALT